PAIDEIA
ÉDUCATION

MIXTE
Papier issu de sources responsables
Paper from responsible sources
FSC® C105338

BORIS VIAN

# L'Arrache-coeur

*Analyse littéraire*

© Paideia éducation.

22 rue Gabrielle Josserand - 93500 Pantin.

ISBN 978-2-75930-099-0

Dépôt légal : Septembre 2023

*Impression Books on Demand GmbH*

*In de Tarpen 42*

*22848 Norderstedt, Allemagne*

# SOMMAIRE

• Biographie de Boris Vian.............................................. 9

• Présentation de *L'Arrache-coeur*............................. 15

• Résumé du roman....................................................... 19

• Les raisons du succès................................................. 39

• Les thèmes principaux................................................ 43

• Étude du mouvement littéraire.................................. 49

• Dans la même collection............................................ 53

# BIOGRAPHIE DE BORIS VIAN

Tour à tour écrivain, parolier, poète, acteur, scénariste, peintre, chanteur, critique et musicien de jazz, Boris Vian, né à Ville-d'Avray en mars 1920, s'est illustré dans de nombreux domaines artistiques.

Issus d'un milieu aisé, les Vian sont installés dans un luxueux hôtel particulier situé à proximité du parc de Saint-Cloud, et fréquentent la famille Rostand dont ils sont voisins. Et malgré le krach boursier de 1929 qui ruine son père, Boris Vian vit une enfance heureuse avec ses frères et sœurs, sous l'œil surprotecteur de leur mère.

Après avoir suivi des études au collège de Sèvres, puis au lycée Hoche de Versailles jusqu'en 1935, et malgré une scolarité souvent interrompue pour des problèmes de santé, le jeune Boris intègre les classes préparatoires scientifiques aux grandes écoles de Condorcet, avant d'être admis à l'Ecole Centrale de Paris en 1939.

De 1936 à 1939, les frères Vian organisent des surprises-parties et commencent à s'intéresser au jazz. Parallèlement à ses études à L'Ecole Centrale, où il s'ennuie, Boris Vian apprend à jouer de la trompette et se passionne pour le jazz. Il rejoint alors le Hot Club de France, présidé par Louis Armstrong.

En 1940, lors de vacances dans les Landes, Boris rencontre Michelle Léglise, qui l'initiera à l'anglais et l'amènera vers la traduction d'œuvres anglo-américaines. Ils se marient à Paris en 1941, année durant laquelle l'écrivain commence à rédiger des sonnets, ainsi que divers brouillons.

L'année suivante, Boris et ses frères intègrent un orchestre de jazz amateur dirigé par Claude Abbadie. Le jeune artiste sort parallèlement de l'Ecole Centrale et entre à l'Association française de normalisation (AFNOR).

En 1943, Vian rédige son premier roman, *Trouble dans les andains*, qui ne sera publié qu'en 1966. L'année d'après, il publie son premier texte dans le bulletin du Hot club de France, un poème qu'il signera « Bison Ravi », anagramme de Boris Vian.

À partir de 1945, il commence à rédiger des nouvelles et des chroniques. Grâce aux soutiens de Jean Rostand et de Raymond Queneau, dont il devient l'ami en 1946, un premier roman, *Vercoquin et le plancton*, est accepté chez Gallimard. Parallèlement, il joue comme figurant au cinéma et participe à de nombreux tournois de jazz, dans lesquels il excelle à la trompette.

L'année suivante, Boris Vian quitte l'AFNOR et devient ingénieur à l'Office du papier. Il fait alors la connaissance de Jean-Paul Sartre, Simone de Beauvoir, Albert Camus et rencontre toute l'équipe de la revue des *Temps Modernes*, dans laquelle il publie bon nombre de ses textes, et notamment *Chronique du menteur*. Il se lance également dans l'écriture de *L'Écume des jours* et de *L'Automne à Pékin*. Et, sur la demande de Jean d'Halluin, créateur des éditions du Scorpion, il rédige en deux semaines *J'irai cracher sur vos tombes*, roman noir à l'américaine, dont il fait croire qu'il s'agit de la traduction d'un texte de l'Américain Vernon Sullivan.

C'est également durant cette période que Boris Vian participe à la naissance des « caves » à jazz de Saint-Germain-des-Prés, particulièrement fréquentées par bon nombre d'existentialistes.

C'est en 1947 qu'il publie *Vercoquin et le plancton*, *L'Écume des jours*, *L'Automne à Pékin*, ainsi que *Les Morts ont tous la même peau*, ce dernier étant signé sous le pseudonyme de Vernon Sullivan. Mais c'est également durant cette année-là que s'engage un procès contre *J'irai cracher sur vos tombes*, jugé comme incitatif à la débauche et bassement pornographique. Parallèlement, il abandonne son métier d'ingénieur, qui l'ennuie profondément, et devient chroniqueur de jazz dans *Jazz Hot*.

S'ensuit alors une période de créativité littéraire assez intense chez l'auteur, qui publie de nombreux textes : *Barnum's Digest* (1948) son premier recueil de poèmes, *Et on tuera tous les affreux* (1948) signé Vernon Sullivan, *Cantilènes en gelée* (1949), *Les Fourmis* (1949) une série de nouvelles, *L'Herbe rouge* (1950), *Elles se rendent pas compte* (1950) dernier roman signé Sullivan, ou encore *L'Arrache-cœur* (1953). En parallèle, Boris Vian compose des pièces de théâtre (*Goûter des généraux* en 1951, *Les Bâtisseurs d'empire* en 1957) et en fait représenter d'autres (*Equarrissage pour tous* en 1950, *Le Chevalier de neige* en 1953).

En 1950, il fait la rencontre d'Ursula Kübler, avec qui il se mariera en 1954, après avoir divorcé en 1952 de sa première femme. En 1950, Boris Vian développe un intérêt particulier pour le chant. Il devient directeur artistique chez Philips l'année suivante et compose et interprète de nombreuses chansons et comédies musicales. Il enregistre notamment *Chansons possibles et impossibles*. En 1958, il écrit de nombreux chants et publie *En avant la zizique*.

L'année suivante, Boris Vian meurt à Paris. En 1960, certains de ses textes sont réédités, comme *Les Fourmis* ou *Et on tuera tous les affreux*. C'est en 1962 que l'artiste acquiert une gloire posthume, lorsque seront édités son recueil de poèmes *Je voudrais pas crever*, rédigé dix ans plus tôt, et le volume *Romans et nouvelles*, qui regroupe trois œuvres : *L'Herbe rouge*, *Les Lunettes fourrées* et *L'Arrache-cœur*.

# PRÉSENTATION
DE L'ARRACHE-CŒUR

Jacquemort est psychiatre. Il arrive dans un village, situé en bordure de falaise, où les habitants ont de drôles de façons : les enfants peuvent voler dès qu'ils écartent le bras, les vieux sont vendus aux plus offrants pour être maltraités lors d'une foire quotidienne, les villageois se débarrassent des objets de leur honte dans un ruisseau pour qu'un homme les repêche avec ses dents, etc.

« Rempli de vide », comme il le dit lui-même, Jacquemort cherche désespérément des personnes à psychanalyser, pour s'imprégner de leurs ressentis, car lui n'en éprouve aucun.

À force de fréquenter les villageois, le psychiatre va subir une métamorphose, qui ne le fera plus réagir à la vue des étranges traditions que ces « paÿsans » mettent en œuvre, et qui le conduira dans un univers où naîtront des thèmes chers à Vian : le rapport à l'enfance, la critique de la religion et de la psychanalyse, mais également la poésie du langage.

Edité en 1953 chez Pro Francia-Vrille, *L'Arrache-cœur* ne rencontrera son public qu'après la mort de Boris Vian, lorsque le texte sera réédité dans un volume regroupant d'autres romans de l'écrivain, en 1962.

# RÉSUMÉ DU ROMAN

Première partie

I

Jacquemort, psychiatre, arrive dans un village à la fin de l'été (28 août). Tout en admirant la nature en bordure de falaise, il se rapproche d'une maison, dont s'échappent des cris. Rejoignant l'habitation en courant, il gravit les escaliers et arrive dans une chambre où une femme s'apprête à donner naissance. Jacquemort se prépare pour l'accoucher.

II

Angel, le mari, est enfermé dans une chambre à côté depuis deux mois. Sa femme, qui ne supporte pas sa grossesse, lui a interdit d'aller la voir. Entendant les cris de sa femme qui s'interrompent, Angel s'approche de la porte de la chambre de cette dernière, mais n'y voit rien.

III

Jacquemort, prêt pour accoucher la femme, découvre qu'elle attend trois enfants. Il demande à la nurse, dénommée Culblanc, d'aller chercher un bassin pour éviter de salir les draps. Jacquemort devine que quelqu'un se trouve derrière la porte de la chambre. La femme ne veut pas de son mari à ses côtés. Elle préférerait le tuer pour l'avoir mise dans cet état. Culblanc reparaît avec un baquet. Jacquemort, pas très avisé, se demande comment faire pour accoucher la femme.

IV

Le jour est en train de décroître. Jacquemort, ne sachant

pas comment procéder, suggère d'attendre. Après avoir maudit le fait d'être enceinte et d'être sur le point de donner naissance à trois enfants qui lui feront « mal pour tout le temps », la femme commence à accoucher. La nurse saisit les deux premiers et les enveloppe dans un linge. Jacquemort aide la femme à accoucher du troisième, après quoi il rejoint Angel, enfermé.

V

Jacquemort fait la rencontre du mari. Celui-ci le remercie d'avoir été là au bon moment. Le psychiatre lui apprend qu'il a trois enfants, « deux jumeaux et un isolé ». Il s'invite chez eux, prétextant y passer des vacances et convie Angel à aller voir sa femme.

VI

Clémentine est allongée. Elle en veut terriblement à son mari de l'avoir mise dans cet état et fait preuve d'une véritable haine à son égard. Elle les congédie tous les deux.

VII

Jacquemort et Angel descendent. Le psychiatre essaie de trouver un mot réconfortant. Le père lui propose un verre de « ploustochnik ».

VIII

Le lendemain, Clémentine est seule dans sa chambre. Elle constate l'état de son corps. Les trois « salopiots » dorment à côté d'elle. Elle leur donne le sein l'un après l'autre.

IX

Jacquemort et Angel se promènent dans le jardin. Le psychiatre explique la raison de sa venue ici : il souhaite faire une expérience. Totalement vide de sensations, il désire psychanalyser les gens du village pour se remplir. Après une longue conversation, ils rentrent à la maison et vont voir Clémentine.

X

Angel s'approche de sa femme. Celle-ci désire appeler les jumeaux Noël et Joël. L'enfant isolé se prénommera Citroën. Elle demande aux deux hommes d'aller commander trois lits chez le menuisier.

XI

Jacquemort se rend seul au village pour commander les lits. En y arrivant, il assiste à une chose étrange : la foire aux vieux. Des vieillards, hommes et femmes, sont installés sur un banc. Des gens paient pour qu'ils soient ensuite battus. Jacquemort s'offense de ce spectacle et reçoit un coup de poing. Il s'en va et entre chez le menuisier.

XII

Jacquemort n'y voit d'abord personne. Il entend cependant des coups venir de l'atelier du fond. Il s'en approche et commande les lits au patron. Un apprenti travaille avec lui. Jacquemort s'offusque de constater la violence du patron à l'égard du jeune homme. Il reçoit de nouveau un coup dans la mâchoire. Puis, faisant comme si rien ne s'était passé, le patron lui dit de venir chercher les lits le lendemain à 5 heures.

XIII

Le lendemain, Jacquemort et Angel sont installés dans le hall de la maison. Le psychiatre demande à l'homme s'il peut le psychanalyser mais celui-ci refuse. Jacquemort va voir Clémentine pour s'assurer qu'elle ne manque de rien. C'est l'heure de la tétée. L'homme ressort. La femme commence à nourrir Noël. Elle lui présente son sein puis lui retire à plusieurs reprises, provoquant des pleurs incessants chez l'enfant, qui manque de s'étouffer.

XIV

Jacquemort et Angel se rendent au village en voiture pour aller chercher les lits. Ils entrent chez le menuisier et chargent les lits des enfants. Ce dernier demande à Angel de prendre la caisse dans laquelle gît l'apprenti de la veille pour la jeter dans le ruisseau.

XV

Jacquemort doit se rendre au village pour discuter avec le curé de la cérémonie du dimanche. En chemin, il aperçoit un homme qui se débat dans le ruisseau pour remonter sur sa barque. Le psychiatre lui propose son aide, mais le vieil homme lui apprend qu'il est, en fait, en train de faire son travail : il est payé pour repêcher avec ses dents des choses mortes que les gens jettent à l'eau. Après avoir discuté avec La Gloïre, Jacquemort poursuit son chemin jusqu'à l'église.

XVI

Il visite l'église à l'aspect peu commun puis se dirige vers une porte à laquelle il frappe. Jacquemort rencontre le curé et lui demande de baptiser les « trumeaux ». Ce dernier l'invite à assister à la messe du dimanche pour qu'il lui dise l'heure du baptême.

XVII

Jacquemort et Culblanc partent ensemble pour la messe. Sur le chemin, celui-ci lui propose de la psychanalyser. Celle-ci se méprend sur ses intentions. Lorsqu'il le comprend, Jacquemort l'entraîne dans un champ isolé et tous deux couchent ensemble. Arrivés à l'église, ils conviennent de se voir le soir même.
Durant le prêche, un homme demande au curé qu'il pleuve pour que le sainfoin puisse pousser. Après de vifs échanges entre les villageois et le curé, qui maintient qu'il ne pleuvra pas, la pluie tombe soudainement. À la fin de la cérémonie, Jacquemort va voir le curé pour connaître l'heure du baptême. Il est fixé l'après-midi même.

XVIII

Angel, Clémentine, les trumeaux, Culblanc et Jacquemort se rendent à l'église pour le baptême.

XIX

Jacquemort ressent le besoin de psychanalyser quelqu'un. La bonne frappe à sa porte. Elle s'installe et se déshabille. Jacquemort essaie d'en savoir davantage à son sujet, mais celle-ci ne souhaite pas répondre. Ils couchent de nouveau ensemble.

XX

Angel et Clémentine dorment. Sans le vouloir, il l'effleure. Clémentine entre alors dans une rage folle : elle ne veut plus qu'un homme la touche. Elle congédie Angel après lui avoir dit qu'elle ne voulait plus de lui.

XXI

Jacquemort repense aux derniers jours qu'il vient de vivre, puis s'endort.

## Deuxième partie

I

Sur la falaise se dresse une masse de pierres, nommé l'Hömme de Terre, et fréquenté exclusivement par des animaux. Clémentine y monte souvent pour gagner le sommet. Elle y éprouve alors un plaisir proche de l'orgasme.

II

Jacquemort garde les trumeaux. Citroën, l'enfant isolé, est plus en avance que les jumeaux. Il commence à marcher. Les deux autres commencent à pleurer, ils ont faim. Clémentine arrive. Elle leur donne le sein. Elle et Jacquemort discutent brièvement, puis il s'en va.

III

Culblanc arrive pour s'occuper des enfants et les coucher. Clémentine lui demande si elle couche toujours avec Jacquemort et s'il lui pose des questions. Elle lui conseille d'arrêter leur relation.

Jacquemort entre dans la chambre d'Angel. Celui-ci se plaint de ne pas réussir à toucher une autre femme que Clémentine. Le psychiatre lui dit que sa femme semble vouloir élever les enfants « à la dure » et qu'elle lui a demandé d'aller chercher le maréchal-ferrant pour Citroën. Angel estime qu'il n'a rien le droit de dire quant à l'éducation des enfants, car c'est Clémentine qui a souffert. À la fin de leur conversation, Jacquemort conseille à Angel de fabriquer un bateau.

IV

Le lendemain, Jacquemort se rend au village. Alors qu'il est en chemin, il est interpellé par des cris. Des « paÿsans » sont en train de crucifier un cheval, parce que c'est un étalon et qu'il a fauté. Le psychiatre s'enfuit vers le village.

V

Jacquemort se réfugie dans l'église où des enfants chantent un cantique de première communion aux paroles étranges. Lorsque vient le soir, il s'en va à la rencontre du maréchal-ferrant pour lui demander de passer à la maison de la falaise car Citroën marche. En partant, le psychiatre passe devant une mercerie dans laquelle il aperçoit une robe qui se trouve être la même que celle que Clémentine portait quelques jours auparavant.

VI

Jacquemort est déçu de ne rien apprendre de la bonne lorsqu'ils se voient. Il cherche alors Angel, avec qui il souhaite s'entretenir. Il le trouve dans le jardin, en train de fabriquer un bateau. Après que Jacquemort a posé plusieurs questions à Angel, ce-dernier le soupçonne de vouloir le psychanalyser et lui conseille de s'auto-analyser, ou de le faire sur les animaux. Le psychiatre s'en va au village. En chemin, il repense à ses ébats avec Culblanc.

VII

Un chat noir est malmené par une forte bourrasque de vent.

VIII

Lors d'une promenade, Jacquemort découvre un sentier proche de la falaise qui mène à la mer. Accroupi, il observe un petit poisson jaune. Il le saisit et lui croque la tête.

IX

Angel travaille toujours à la fabrication de son bateau. Il est seul avec les enfants, qui marchent tous désormais. L'heure du goûter approche, mais ni la bonne, ni Clémentine ne sont là. Angel accompagne les enfants dans la cuisine, où se trouve Jacquemort. Il lui demande s'il a vu clémentine. Celui-ci lui répond qu'elle est dans la salle à manger. Angel s'y dirige et découvre sa femme allongée sur la table, le pantalon baissé jusqu'aux genoux, en train de se dandiner de façon obscène. Jacquemort, qui l'aperçoit également, se dirige dans sa chambre et ne cesse de penser à cette situation. Il retourne dans la salle à manger. Clémentine ne comprend pas ce qu'elle fait là, elle ne se souvient pas de ce qui lui est arrivé. Le psychiatre lui dit qu'Angel s'est occupé du goûter des enfants. Elle part, en colère, rejoindre son mari dans le jardin.

X

Alors qu'Angel travaille de nouveau à son bateau, Clémentine arrive, énervée qu'il se soit occupé des enfants. Angel, excédé, lui donne des gifles. Citroën saisit alors un clou qu'il enfonce dans la jambe de son père. Clémentine s'en va, les enfants la suivent. Angel en conclut qu'elle ne le laissera plus entrer dans la maison.

XI

Culblanc et Jacquemort se retrouvent dans un coin isolé du jardin. Le psychiatre veut en savoir davantage au sujet de la bonne, qui refuse de lui parler. En la malmenant un peu, il finit par apprendre qu'elle a été violée par son père lorsqu'elle avait douze ans. La bonne, honteuse, s'en va et dit à Jacquemort qu'elle ne veut plus le voir.

XII

Jacquemort et Clémentine mangent et discutent ensemble.

XIII

Angel a terminé son bateau. Lui et Jacquemort bavardent. Le psychiatre lui fait remarquer que sa femme a les mêmes robes que la mercière. Angel lui propose d'aller essayer son bateau. Il compte partir dans une huitaine de jours.

XIV

Jacquemort se rend à la mercerie. Il essaie de comprendre pourquoi elle reproduit exactement les mêmes robes que celles que Clémentine porte. Le maréchal-ferrant, qui se trouve dans la boutique, lui apprend que c'est lui qui les commande. Le psychiatre découvre que la couturière travaille les yeux fermés, sur lesquels sont peints de faux yeux. Après une discussion houleuse avec le maréchal-ferrant, Jacquemort s'en va, en l'informant qu'il a l'intention de coucher avec sa bonne et de la psychanalyser.

XV

Plus tard dans la journée, Jacquemort se rend chez le maréchal-ferrant. S'assurant auprès de l'apprenti qu'il n'est pas là, le psychiatre rejoint la chambre de Nëzrouge, la bonne. Il lui demande de se déshabiller et lui dit qu'il souhaite la psychanalyser. Tout excité qu'il est, il décide de remettre l'analyse à plus tard.

XVI

Plus tard encore dans la journée, Jacquemort et Nëzrouge entendent le maréchal-ferrant rentrer. Le psychiatre l'observe à travers une ouverture dans le mur qui sépare les deux chambres. Il découvre que le maréchal-ferrant prend du plaisir avec une amante mécanique vêtue des robes de Clémentine, précisément à l'heure où celle-ci se retire tous les jours dans sa chambre, pour soi-disant y faire une sieste.

## XVII

Angel a préparé son bateau. Il est prêt à quitter le village. Jacquemort, seul, vient lui dire au revoir. Avant de partir, Angel lui confie qu'il déteste les enfants et met le feu au hangar dans lequel il a fabriqué son bateau.

## XVIII

Clémentine est seule avec les enfants. Elle manque, une fois de plus, d'oublier leur goûter. Apercevant le feu émanant du hangar, elle s'y rend. Jacquemort est là. Elle constate qu'Angel est parti et demande au psychiatre de déblayer l'endroit lorsque tout aura brûlé, pour y faire un espace de jeu pour les enfants.

## Troisième partie

### I

Jacquemort est là depuis plus de quatre années.

### II

Il pleut. Les enfants jouent dans leur chambre, à baver. Clémentine prépare des purées dans la cuisine. Culblanc se fâche après les enfants qui sont tout dégoûtants. Clémentine arrive et joue avec eux au train. Les enfants ne veulent pas aller manger et se moquent de leur mère qui ne sait pas pleurer. Ils décident de jouer au bateau, Clémentine s'en va, résignée, nostalgique du temps où ils étaient bébés.

III

Jacquemort se parle à lui-même. Il réalise que le village l'a profondément métamorphosé. La foire aux vieux ne le choque plus, pire il y participe lui-même. Et il jette lui aussi des choses dans le ruisseau pour que La Gloïre les repêche avec ses dents. En se promenant près de l'eau, il aperçoit La Gloïre. Il souhaite aller chez lui, dans sa barque, pour qu'ils discutent.

IV

Jacquemort déteste le village.

V

Clémentine a faim. Elle va dans sa chambre et ouvre son armoire d'où une odeur nauséabonde se dégage. Un bifteck à l'état de putréfaction est enfermé dans une boîte en carton, ainsi qu'un vieux morceau de fromage. Elle mange des deux, se réjouissant de faire autant de sacrifices pour que ses enfants mangent correctement. Elle culpabilise, cependant, de ne pas manger les asticots qui se trouvent sur la nourriture.

VI

Clémentine s'inquiète de ne pas savoir où sont ses enfants, qui sont en fait en train de dormir. Elle imagine toute une série de malheurs qui pourraient leur arriver, à force de les laisser jouer sans surveillance. Elle décide qu'ils ne sont pas encore assez grands pour sortir de l'enceinte du jardin.

VII

Jacquemort se rend au village pour assister à un « Spectäcle de luxe ». Les esprits s'échauffent et la scène tourne au pugilat. Le psychiatre y prend part et frappe lui aussi les autres.

VIII

Jacquemort va voir La Gloïre pour se débarrasser de la honte d'avoir frapper d'autres personnes lors du « spectäcle ». En échange, il poursuit avec lui la séance de psychanalyse qu'ils avaient commencé.

IX

Jacquemort se rend dans la bibliothèque d'Angel pour y lire un dictionnaire encyclopédique.

X

Les trois enfants jouent dans le jardin. En creusant, ils découvrent trois pierres de couleur qu'ils unissent en triangle à l'aide de brindilles. Une petite fille apparaît alors et se met à danser, avant de s'enfoncer de nouveau dans le sol. Ils continuent de creuser avec leur pelle et découvrent des limaces aux pouvoirs magiques que les enfants gobent.

XI
Jacquemort constate qu'il est au village depuis plus de six ans.

XII

Clémentine et Jacquemort discutent. Celle-ci lui fait part de toutes ses craintes à l'égard de ses enfants. Le psychiatre essaie de la raisonner, mais celle-ci demeure trop angoissée à l'idée de ne pas être une bonne mère.

XIII

Clémentine surveille de près ses enfants qui jouent dans le jardin. Joël fait dans sa culotte. Les deux autres profitent de ce que leur mère ne soit plus là pour aller cacher l'ours de leur frère dans un arbre, à l'aide d'un escabeau.

XIV

Clémentine change Joël. Pour le nettoyer, elle lui lèche les fesses. Une fois l'enfant reparti, elle se dit qu'elle doit désormais faire la toilette de ses enfants de cette manière, car le risque de se noyer dans le bain est trop important.

XV

Joël, de retour dans le jardin, cherche son ours nommé Poirogal. Il le découvre dans l'arbre. Ses frères continuent de chercher des limaces, bleues notamment, car elles font voler très haut. Un pivert leur dit que le massif d'iris est rempli de limaces bleues. Les trois enfants y vont. Clémentine ressort de la maison et voit l'escabeau près de l'arbre où est perché l'ours. Elle s'inquiète de ne plus voir les enfants et les appelle en criant.

## XVI

Clémentine explique à Jacquemort que tout ce qui est arrivé est dû à l'arbre et qu'ils sont dangereux pour les enfants. Elle lui demande d'aller chercher des hommes au village pour qu'ils viennent abattre les arbres du jardin. Le psychiatre y va.

## XVII

L'après-midi même, les hommes arrivent pour abattre tous les arbres du jardin. C'est un spectacle trop douloureux pour Jacquemort qui s'enfuit près de la falaise.

## XVIII

À son retour, il propose à Clémentine de faire sortir les garçons dans le jardin. Les trois enfants discutent avec un apprenti, âgé de dix ans, en train d'élaguer les branches des arbres qui sont à terre. Jacquemort les observe.

## XIX

Clémentine entre dans la chambre de Jacquemort alors qu'il encore couché. Elle vient de faire un cauchemar : elle a peur de ce qui arrivera à ses enfants lorsqu'ils sortiront du jardin. Le psychiatre promet de réfléchir à une solution.

## XX

Jacquemort rejoint les enfants dans le jardin et leur parle du monde qui se trouve à l'extérieur. Les trois garçons, peu envieux de découvrir cet univers-là, préfèrent jouer dans leur jardin.

XXI

Malgré les séances de psychanalyse avec La Gloïre, Jacquemort ne se sent pas « rempli ». Il observe des « maliettes » qui volent au-dessus de lui dans le ciel.

XXII

Clémentine continue d'imaginer les malheurs qui pourraient arriver à ses enfants. Soudain, elle se demande où ils sont. Elle court dans le jardin et voit la grille ouverte. Elle accuse Jacquemort, mais celui-ci lui certifie que ses enfants ne souhaitent pas quitter le jardin et qu'ils sont sûrement dans la maison. Ils retrouvent les trois garçons dans le grenier en train de lire de vieux livres. Le psychiatre décide d'aller parler aux ouvriers le lendemain.

XXIII

Le lendemain, les enfants constatent que la grille n'est plus là. À la place, les ouvriers ont construit un « mur de rien », selon la volonté de Clémentine, pour que les trois petits ne puissent pas quitter le jardin.

XXIV

Pour préserver ses enfants d'éventuels dangers, Clémentine décide de recouvrir le sol du jardin d'un « tapis d'absence invisible ».

## XXV

Jacquemort se rend au village pour commander les travaux de Clémentine. Il décide de s'arrêter voir le curé à l'église. Celui-ci est en compagnie du sacristain. Le psychiatre lui demande quels sont ses projets pour le futur spectacle. Le curé lui répond qu'il compte défenestrer le sacristain. S'ensuit une dispute entre les deux hommes d'église. Le sacristain finit par quitter les lieux. Jacquemort parle des travaux que Clémentine souhaite effectuer dans le jardin. Les deux hommes s'accordent pour dire qu'elle est une bonne mère pour vouloir autant protéger ses enfants.

## XXVI

Alors qu'une tempête de grêle sévit, Clémentine s'inquiète pour ses enfants. Elle souhaite désormais bâtir un toit au-dessus du jardin, et qui serait invulnérable. Après avoir demandé conseil à Jacquemort, celui-ci lui dit qu'il passera chez le forgeron le lendemain.

## XXVII

Jacquemort réfléchit au temps qui a passé depuis son arrivée au village. Il constate à quel point les choses, et lui-même, ont évolué. Il s'apprête, le lendemain, à prendre la place de La Gloïre, récemment décédé. Il descend au bord de la mer et aperçoit les trois garçons courir le long de la falaise. Il craint qu'ils ne tombent. Mais ceux-ci se mettent à voler et viennent se poser à côté de lui. Les enfants lui disent qu'ils attendent de mieux voler pour l'annoncer à leur mère à laquelle ils souhaitent faire une surprise. Jacquemort se dit alors qu'il ne peut pas laisser Clémentine construire ce toit au-dessus du jardin.

## XXVIII

Jacquemort tente de convaincre Clémentine de renoncer à la construction de la cage dans laquelle elle veut enfermer ses enfants. Elle ne comprend pas que le psychiatre ait changé d'avis et refuse de prendre en compte ses considérations.

## XXIX

Les trois garçons sont dans le lit de Citroën. Ils regardent leurs ours danser et chanter. Citroën, qui connaît beaucoup de formules magiques, leur explique comment devenir aussi minuscule que des puces.

## XXX

André, âgé de onze ans, est l'apprenti du forgeron. Il l'aide sur le chantier de Clémentine. En partant, le soir, le forgeron oublie son marteau et envoie André le chercher. Il entre alors dans la maison et aperçoit les trois cages, confortablement aménagées pour les enfants. En repartant, il s'imagine que la vie doit être douce lorsque quelqu'un nous dorlote de la sorte.

# LES RAISONS
DU SUCCÈS

Pour *L'Arrache-cœur*, Boris Vian s'est beaucoup inspiré de Raymond Queneau, dont il était l'ami depuis 1946. On sait à quel point cet auteur a cherché à repousser les limites du roman, en lui donnant, notamment, une forte imprégnation mathématique et arithmétique.

Cette influence se retrouve particulièrement dans *L'Arrache-cœur*. En effet, le chiffre trois, nombre sacré par excellence et étant au fondement de nombreuses théories, apparaît comme récurrent dans toute l'œuvre. Celle-ci est, par exemple, constituée de trois parties, toutes délimitées en chapitres multiples de trois (dix-huit pour la première partie ; vingt-et-un pour la deuxième ; trente pour la troisième). Trois trios de personnages jalonnent également l'ensemble du texte : les « trumeaux » ; Clémentine, Culblanc et Nëzrouge pour les femmes ; Angel, Jacquemort et La Gloïre pour les hommes.

Mais on trouve aussi, et surtout, une lecture à trois niveaux dans ce texte : psychologique d'abord, avec les problèmes de couple, la maternité et la question de l'identité. Fantastique, ensuite, avec le monde de l'enfance et les mondes parallèles dont recèle l'œuvre. Poétique, enfin, avec la construction d'un langage aussi imaginaire qu'allégorique.

Ces triptyques récurrents font de *L'Arrache-cœur* une œuvre absolument originale, si ce n'est la plus originale de Boris Vian. Et c'est précisément en cela que ce texte n'a d'abord pas rencontré de succès : il était beaucoup trop original pour l'époque de sa publication. Refusé par Gallimard en 1951, malgré le soutien de Raymond Queneau dans un avant-propos encourageant, le texte n'est édité qu'en 1953 aux éditions Pro Francia-Vrille. En 1961, seuls cent-cinquante exemplaires de *L'Arrache-cœur* sont vendus, et le texte est alors soldé sur les quais de Paris.

Ce n'est qu'à partir de 1962 que l'œuvre est réhabilitée,

lorsqu'elle est rééditée dans le volume *Romans et Nouvelles*, dans lequel on trouve deux autres textes de Vian, *L'Herbe rouge* et *Les Lunettes fourrées*, et qui inaugure le succès posthume de l'écrivain.

Des publications séparées verront le jour en 1965, puis en 1968 en Livre de Poche, ainsi qu'en 1975 chez Christian Bourgeois.

# LES THÈMES
PRINCIPAUX

Le thème de l'enfance est primordial dans *L'Arrache-cœur* et apparaît comme double. L'enfance est perçue négativement, d'une part, notamment avec le rôle de la famille et la pression maternelle sur laquelle elle repose. En effet, Clémentine impose à ses enfants une dépendance, de la discipline, mais aussi et surtout de la frustration, contribuant à les amputer de leur liberté.

Les « trumeaux » sont barricadés dans l'enceinte de la maison et du jardin. Et plus le récit progresse, plus la mère trouve les moyens de les enfermer dans des cages, prétextant leur protection des dangers du monde qui les entoure.

En réalité, c'est sa crainte de voir ses enfants lui échapper qui l'anime, brisant par là-même leur pouvoir de liberté et d'imaginaire. Car c'est bien en cela que l'enfance est perçue comme positive dans le roman : elle est l'occasion de découvertes, par le biais d'un rapport unique et intime avec la nature.

L'enfance se fait le fondement d'un imaginaire poétique, se développant jusqu'au fantastique, et échappant à toute raison communément admise. Les « trumeaux » découvrent une nature qu'ils apprivoisent et qui leur permet d'explorer un univers parallèle, bien plus enchanteur que la « réalité » du monde où ils vivent : les limaces qu'ils ingurgitent leur offrent d'incroyables pouvoirs magiques, le ciel devient un espace infiniment vaste dans lequel ils peuvent s'évader en volant, etc.

*L'Arrache-cœur* est également l'occasion pour Boris Vian d'émettre une satire à l'égard de la religion. Catholique, d'une part. Dans le roman, le curé passe davantage pour un clown, qui organise des « spectacles de luxe », que pour un homme de foi, animé par sa croyance en un Dieu tout-puissant. Ses actes et cérémonies mensongers tendent à anéantir le soi-disant pouvoir divin : Dieu perd sa responsabilité dans la mort des innocents, l'Eglise ne tient plus son rôle lorsque surviennent des drames.

La psychanalyse, nouvelle religion du monde occidental, d'autre part, est, elle aussi, vivement critiquée. Que penser de Jacquemort, psychiatre aux méthodes particulières ? S'il incarne l'archétype même de l'homme sympathique et serviable auprès d'Angel, de Clémentine et des « trumeaux » (il s'occupe des enfants, fait des courses pour Clémentine, écoute Angel avec attention etc.), il n'en reste pas moins que ses tentatives de psychanalyse sur les villageois se limitent principalement à des rapports sexuels, sans échange moral ou sentimental.

Sa démarche médicale révèle, chez lui, des traits de caractère bien peu flatteurs : il est « rempli de vide », voyeur, fouineur, et particulièrement paillard, s'adonnant même à de « sales manies », selon Culblanc.

Enfin, on ne peut évoquer *L'Arrache-cœur* sans mentionner la dimension poétique du langage employé par Boris Vian. Poursuivant, dans ce roman, sa réflexion sur le langage, le texte semble offrir une véritable interrogation sur les rapports qu'entretiennent les mots et les choses.

Ainsi, apparaît dans l'ensemble de l'œuvre un vocabulaire absolument original et relevant de divers aspects. On y trouve aussi bien des archaïsmes, tels que « valetaille », « génuine » ou encore « vous me la baillez belle », que de l'argot (« salopiot », « troncher », « boniche », etc.).

Mais l'auteur excelle surtout grâce à ses néologismes. Toute une série de mots inventés apparaissent donc dans l'œuvre, notamment lorsqu'il s'agit de parler de la nature : « brouillouse » (brouiller + pelouse), « calaïos » (calao + ail), « maliettes » (mouette + alouette) ou encore « garillias » (garance + thuya/camélia).

Et c'est également le cas lorsqu'il s'agit de dater les

différents chapitres du roman. Au fur et à mesure que l'histoire avance, la temporalité semble subir un dérèglement, tout comme Jacquemort se métamorphose. La dénomination des mois devient alors caractéristique d'un monde qui s'éloigne du réel : « févruin » (février + juin), « novrier » (novembre + février), marillet (mars + juillet), ou encore « octembre » (octobre + septembre/novembre/décembre).

# ÉTUDE DU MOUVEMENT LITTÉRAIRE

Le mouvement littéraire auquel se rattache Boris Vian est directement issu du surréalisme. Lié à la crise de l'humanisme des années 1960, mais qui a débuté dès les années 1920, le surréalisme se fondait sur une esthétique de la différence.

À partir des années 1960, se développe une crise du langage, illustrée notamment dans les écrits de Raymond Queneau, et qui touche prioritairement le roman, ainsi que l'écriture romanesque. Il s'agit, désormais, de chercher à produire un roman différent et de renverser le rapport traditionnel qui existe entre l'action et les personnages, d'une part, et le langage employé pour les mettre en scène, d'autre part.

Les notions de langage, d'expression, sont ainsi remises en cause : le langage n'est plus au service des événements, il se suffit à lui-même et ne réfère à aucune réalité. C'est précisément ce qu'on retrouve dans *L'Arrache-cœur* lorsque Boris Vian invente toute une série de mots, qui ne renvoient à aucun objet concrètement identifiable.

Cependant, l'importance accordée au langage ne signifie pas pour autant une disparition de l'intrigue. Celle-ci devient secondaire et s'expose donc à une infinité de variations possibles, justement parce que le langage possède sa propre mise en scène.

Les personnages apparaissent presque comme des fantômes, sans description physique ou psychologique, les événements sont vidés de leur sens et ne répondent à aucune logique. Là encore, on retrouve bien les caractéristiques de *L'Arrache-cœur* : l'histoire suit une certaine logique (les mêmes personnages reviennent au cours du roman et évoluent), qui se trouve, cependant, entravée par une série d'événements toujours plus étranges et qui, eux, ne répondent à aucune logique admise dans le monde réel (la foire aux vieux, les « spectacles de luxe » du curé, le ruisseau de sang dans lequel La Gloïre repêche la honte des villageois, les cages dans lesquelles on souhaite priver les enfants de leur liberté, etc.).

L'écriture devient donc le moyen d'aboutir à la déréalisation des apparences du réel. Le langage entre en concurrence avec la réalité, pour mieux en contester la signification.

Ces expériences littéraires fondées sur un nouveau rôle attribué au langage contribueront, entre autres, à l'élaboration de la théorie du « Nouveau roman » dans les années 1970.

# DANS LA MÊME COLLECTION
(par ordre alphabétique)

- **Anonyme**, *La Farce de Maître Pathelin*
- **Anouilh**, *Antigone*
- **Aragon**, *Aurélien*
- **Aragon**, *Le Paysan de Paris*
- **Austen**, *Raison et Sentiments*
- **Balzac**, *Illusions perdues*
- **Balzac**, *La Femme de trente ans*
- **Balzac**, *Le Colonel Chabert*
- **Balzac**, *Le Lys dans la vallée*
- **Balzac**, *Le Père Goriot*
- **Barbey d'Aurevilly**, *L'Ensorcelée*
- **Barbey d'Aurevilly**, *Les Diaboliques*
- **Bataille**, *Ma mère*
- **Baudelaire**, *Les Fleurs du Mal*
- **Baudelaire**, *Petits poèmes en prose*
- **Beaumarchais**, *Le Barbier de Séville*
- **Beaumarchais**, *Le Mariage de Figaro*
- **Beauvoir**, *Mémoires d'une jeune fille rangée*
- **Beckett**, *En attendant Godot*
- **Beckett**, *Fin de partie*
- **Brecht**, *La Noce*
- **Brecht**, *La Résistible ascension d'Arturo Ui*
- **Brecht**, *Mère Courage et ses enfants*
- **Breton**, *Nadja*
- **Brontë**, *Jane Eyre*
- **Camus**, *L'Étranger*
- **Carroll**, *Alice au pays des merveilles*
- **Céline**, *Mort à crédit*

- **Céline**, *Voyage au bout de la nuit*
- **Chateaubriand**, *Atala*
- **Chateaubriand**, *René*
- **Chrétien de Troyes**, *Perceval ou le conte du Graal*
- **Chrétien de Troyes**, *Yvain ou le Chevalier au lion*
- **Cocteau**, *La Machine infernale*
- **Cocteau**, *Les Enfants terribles*
- **Colette**, *Le Blé en herbe*
- **Corneille**, *Le Cid*
- **Crébillon fils**, *Les Égarements du cœur et de l'esprit*
- **Defoe**, *Robinson Crusoé*
- **Dickens**, *Oliver Twist*
- **Du Bellay**, *Les Regrets*
- **Dumas**, *Henri III et sa cour*
- **Duras**, *L'Amant*
- **Duras**, *La Pluie d'été*
- **Duras**, *Un barrage contre le Pacifique*
- **Flaubert**, *Bouvard et Pécuchet*
- **Flaubert**, *L'Éducation sentimentale*
- **Flaubert**, *Madame Bovary*
- **Flaubert**, *Salammbô*
- **Gary**, *La Vie devant soi*
- **Giraudoux**, *Électre*
- **Giraudoux**, *La Guerre de Troie n'aura pas lieu*
- **Gogol**, *Le Mariage*
- **Homère**, *L'Odyssée*
- **Hugo**, *Hernani*
- **Hugo**, *Les Misérables*
- **Hugo**, *Notre-Dame de Paris*
- **Huxley**, *Le Meilleur des mondes*
- **Jaccottet**, *À la lumière d'hiver*
- **James**, *Une vie à Londres*
- **Jarry**, *Ubu roi*

- **Kafka**, *La Métamorphose*
- **Kerouac**, *Sur la route*
- **Kessel**, *Le Lion*
- **La Fayette**, *La Princesse de Clèves*
- **Le Clézio**, *Mondo et autres histoires*
- **Levi**, *Si c'est un homme*
- **London**, *Croc-Blanc*
- **London**, *L'Appel de la forêt*
- **Maupassant**, *Boule de suif*
- **Maupassant**, *Le Horla*
- **Maupassant**, *Une vie*
- **Molière**, *Amphitryon*
- **Molière**, *Dom Juan*
- **Molière**, *L'Avare*
- **Molière**, *Le Malade imaginaire*
- **Molière**, *Le Tartuffe*
- **Molière**, *Les Fourberies de Scapin*
- **Musset**, *Les Caprices de Marianne*
- **Musset**, *Lorenzaccio*
- **Musset**, *On ne badine pas avec l'amour*
- **Perec**, *La Disparition*
- **Perec**, *Les Choses*
- **Perrault**, *Contes*
- **Prévert**, *Paroles*
- **Prévost**, *Manon Lescaut*
- **Proust**, *À l'ombre des jeunes filles en fleurs*
- **Proust**, *Albertine disparue*
- **Proust**, *Du côté de chez Swann*
- **Proust**, *Le Côté de Guermantes*
- **Proust**, *Le Temps retrouvé*
- **Proust**, *Sodome et Gomorrhe*
- **Proust**, *Un amour de Swann*
- **Queneau**, *Exercices de style*

- **Quignard**, *Tous les matins du monde*
- **Rabelais**, *Gargantua*
- **Rabelais**, *Pantagruel*
- **Racine**, *Andromaque*
- **Racine**, *Bérénice*
- **Racine**, *Britannicus*
- **Racine**, *Phèdre*
- **Renard**, *Poil de carotte*
- **Rimbaud**, *Une saison en enfer*
- **Sagan**, *Bonjour tristesse*
- **Saint-Exupéry**, *Le Petit Prince*
- **Sarraute**, *Enfance*
- **Sarraute**, *Tropismes*
- **Sartre**, *Huis clos*
- **Sartre**, *La Nausée*
- **Senghor**, *La Belle histoire de Leuk-le-lièvre*
- **Shakespeare**, *Roméo et Juliette*
- **Steinbeck**, *Les Raisins de la colère*
- **Stendhal**, *La Chartreuse de Parme*
- **Stendhal**, *Le Rouge et le Noir*
- **Verlaine**, *Romances sans paroles*
- **Verne**, *Une ville flottante*
- **Verne**, *Voyage au centre de la Terre*
- **Vian**, *J'irai cracher sur vos tombes*
- **Vian**, *L'Écume des jours*
- **Voltaire**, *Candide*
- **Voltaire**, *Micromégas*
- **Voltaire**, *Zadig*
- **Zola**, *Au Bonheur des Dames*
- **Zola**, *L'Argent*
- **Zola**, *L'Assommoir*
- **Zola**, *Nana*
- **Zola**, *Pot-Bouille*